글 스토리랩

'이야기 연구실'이라는 뜻의 스토리랩은 기획자, 작가, 편집자로 이루어진 창작 집단입니다.
각 분야에서 오랫동안 활동한 전문가들이 더 유익하고 새로운 콘텐츠를 만들기 위해 노력하고 있습니다.
주요 작품으로는 《손흥민 꿈을 향해 달려라》 시리즈, 《who? 스페셜 손흥민》 등이 있습니다.

그림 리버앤드스타 스튜디오

웹툰, 일러스트, 디자인, 애니메이션 등의 작품을 개성있고 아름답게 창조합니다.
'리버앤드스타'는 문명의 근원지인 강가에서 사람들이 별을 쳐다보며 꿈을 꾸었다는 이야기에서 착안했습니다.
강호면 작가를 필두로 빛나는 별처럼 환상적인 창작물을 내놓고 있습니다.

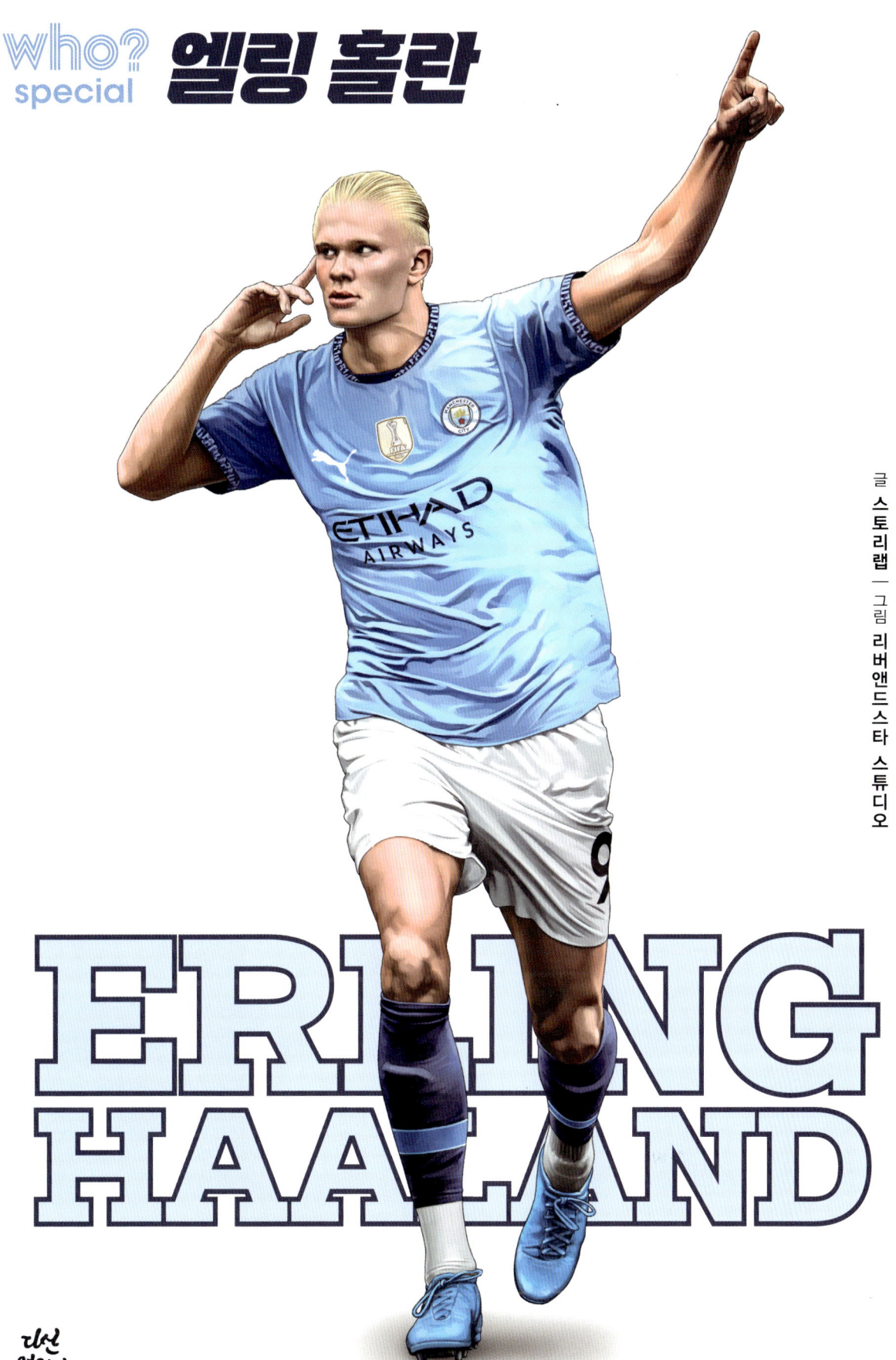

who? special 엘링 홀란

글 스토리랩 ― 그림 리버앤드스타 스튜디오

ERLING
HAALAND

다산
어린이

존 던컨 John B. Duncan
미국 UCLA 아시아언어문화학부 교수

한국학 분야의 세계적인 석학으로
미국 UCLA 한국학 연구소 소장 및
동 대학의 아시아언어문화학부 교수를
겸직하고 있습니다.

자신만의 멘토를
만날 수 있는 who? 시리즈

다산어린이의 《who?》 시리즈는 어린이들은 물론 어른들에게도 재미와 감동을 주는 교양 만화입니다. 《who?》 시리즈는 전 세계 인류에 영향력을 끼친 인물들로 구성되었으며 인물들의 삶과 사상을 객관적으로 전해 줍니다.

이처럼 다양한 나라와 분야에서 활약한 위인들의 이야기를 통해 과학, 예술, 정치, 사상에 관한 정보는 물론이고, 나라별 문화와 역사까지 배우게 될 것입니다. 《who?》 시리즈의 가장 큰 장점은 위인들이 그들의 삶에서 겪은 기쁨과 슬픔, 좌절과 시련, 감동을 어린이들이 함께 느낄 수 있다는 것입니다. 어린이들은 이 책을 읽으면서 폭넓은 감수성을 함양하게 됩니다.

《who?》 시리즈의 어린이 독자들이 책 속의 위인들을 통해 자신만의 멘토를 만나 미래의 세계적인 리더로 성장하기를 진심으로 응원합니다.

에드워드 슐츠 Edward J. Shultz
하와이 주립 대학교 언어학부 교수

하와이 주립 대학교 언어학부 교수인
에드워드 슐츠는 동 대학의 한국학센터
한국학 편집장을 역임한 세계적인
석학입니다.

세상을 더 나은 곳으로
만든 사람들의 이야기

어린이들은 자라면서 수많은 궁금증을 가지게 됩니다. 그중에서도 "저 사람은 누굴까?"라는 질문은 종종 아이들의 머릿속을 온통 지배해 버리기도 합니다. 다산어린이에서 출간된 《who?》 시리즈는 그런 궁금증을 해결해 주기 위해 지구촌 다양한 분야의 리더들을 소개하고 있습니다.

《who?》 시리즈에 등장하는 인물들은 인종과 성별을 넘어 세상을 더 나은 곳으로 만든 사람들입니다. 어린이들은 이 책에서 디지털 아이콘으로 불리는 스티브 잡스는 물론 니콜라 테슬라와 같은 천재 발명가를 만날 수 있습니다.

책 속 주인공들의 어린 시절 이야기를 통해 기쁨과 슬픔, 도전과 성취감을 함께 맛보고, 그들과 함께 성장하면서 스스로 창조적이고 인류에 도움이 되는 사람이 되겠다는 포부와 자신감을 갖게 될 것입니다. 《who?》 시리즈 속에서 다채롭고 생동감 넘치는 위인들의 이야기를 만나 보세요.

UEFA 챔피언스 리그 최연소 20골 달성, UEFA 챔피언스 리그 득점왕,

프리미어 리그 득점왕이자 단일 시즌 최다 득점, 프리미어 리그 올해의 선수 등 매 시즌마다 새로운 기록을 달성하고 있는 이 선수는 바로 '축구 괴물', 엘링 홀란입니다.

지금부터 현존하는 최고의 스트라이커, 엘링 홀란의 이야기가 시작됩니다.

1장

스포츠 DNA를 타고난 아이

> 난 엘링이 직접 좋아하는 일을
> 선택하도록 내버려둘 생각이에요.
> 그 일이 설사 스포츠가
> 아니어도 말이에요.

2000년, 영국 잉글랜드 리즈

안절
부절

흠...

드디어...

덜컥-

들어오세요.

벌써 셋째 아이인데도
여전히 긴장되네요.

하 하 하

모든 게 다 잘될 테니
걱정하지 마세요.

엘링 홀란의 아버지 알프잉에 홀란은 당시 영국 프로 축구 프리미어
리그의 명문 팀 맨체스터 시티 FC의 주전 선수였습니다.

으윽!

여보!

아빠!

으윽一

재활 중에 무리하게 움직이면 어떡해요?

이, 이 정도는 괜찮을 줄 알았지.

하 하 하

더는 선수로 뛰기 힘들겠군.

엘링의 아버지는 경기 중 당한 부상을 극복하지 못하고 결국 축구 선수 생활을 마감하게 되었습니다.

얼마 뒤 엘링의 가족은 영국을 떠나 노르웨이로 이주했습니다.

친구들도 여기 있고, 맨체스터 시티도 계속 응원하고 싶은데. 꼭 영국을 떠나야 해요?

친구는 노르웨이에서 다시 사귀면 되지. 그리고 축구는 어디서든 볼 수 있어.

나도 그래. 우린 떠나는 게 아니라 고향으로 돌아가는 거래.

엄마 아빠의 고향 노르웨이로 간다니, 나는 좀 설레는데?

노르웨이?

노르웨이는 어떤 곳일까?

18

엘링의 가족은 노르웨이 서부의 작은 도시인 브뤼네에 새로운 보금자리를 마련했습니다.

스키를 꼭 배워야 해요? 추워서 움직이기 싫은데….

원래 추울수록 더 활기차게 움직여야 해!

프리루프트슬리브(Friluftsliv).

노르웨이 말로 자유로운 야외 생활이란 뜻이야 앞으로 이 말을 자주 듣게 될 거다.

우

왓

그리고 노르웨이의 대표적인 야외 활동이 바로 스키란 말씀!

엇, 같이 가요!

축구 선수 출신이었던 엘링의 아버지처럼 엘링의 어머니 역시 7종 경기 국가대표이자 챔피언 출신으로 다재다능한 스포츠 마니아였습니다.

엘링 스키 타는 것 좀 봐요!

부모님의 바람대로 엘링은 스포츠와 야외 활동을 즐기는 활기찬 소년으로 성장했습니다.

엘링이 다섯 살이 된 어느 날, 브뤼네 지역에서 스포츠 축제가 열렸습니다.

우아, 내가 좋아하는 게 다 있네!

바람이 강할 때는 공을 목표한 곳으로 보내기가 힘드니까 기다렸다가….

우아~ 홀 바로 옆에 떨어졌어요!

대, 대단하구나.

세상에!

차!

이 정도면 거의 세계 신기록 수준인데….

야호! 1등이다!

무려 1.63미터를 뛰었습니다.

네?

선수 제안을 할 거면 줄부터 서요!

읏!

새치기할 생각 말고요!

엘링은 축제에서 다양한 종목을 체험하며 많은 사람들 앞에서 자신의 탁월한 운동 재능을 마음껏 뽐냈습니다.

부웅

우리가 낳고 길렀으니 운동을 잘할 거라고 막연히 생각하긴 했지만….

이 정도일 줄은 몰랐어요.

당신 생각은 어때요? 엘링을 운동 선수로 키우는 것 말이에요.

그건 본인이 결정해야 할 부분이에요. 난 엘링이 직접 좋아하는 일을 선택하도록 내버려둘 생각이에요.

그 일이 설사 스포츠가 아니어도 말이에요.

당신, 아스토르가 했던 맘고생을 엘링마저 겪게 할까 봐 걱정되는 거죠?

몇 년 전

난 운동을 그렇게 잘하지 못한다고…. 난 아빠가 아니야!

흐음-

수근 수근

알프잉에 홀란 선수의 아들이래요.

축구뿐이겠어? 부모님을 닮았다면 만능 스포츠맨이겠는데?

오, 그럼 축구만큼은 잘하겠군!

엘링보다 다섯 살이 많은 형 아스토르는 유명 축구 선수의 아들이라는 이유로 어린 시절부터 사람들의 관심과 기대를 한 몸에 받았습니다.

하지만 아스토르에게는 사람들의 관심과 기대가 큰 부담이었고, 결국 축구에 흥미를 잃어버리고 말았습니다.

아빠인 나마저도 아스토르에게 잔뜩 부담을 줬으니….

하ㅡ

그때를 생각하면 아직도 미안하다니까!

솔직히 말해 봐요. 그래도 엘링이 운동 선수가 되면 좋겠죠?

히힛

아니! 난 엘링의 결정을 존중할 거라니까요!

만약 엘링이 당신 뒤를 이어 축구 선수가 된다면?

찌릿ㅡ

흠칫!

추… 축구 선수?

아니야. 난 오직 엘링의 선택을….

엘링이 맨체스터 시티에 입단한다면 어떨 것 같아요?

헉!

그만해요! 상상만 해도 설렌단 말이야!

푸하하!

헉! 매… 맨시티?

큭큭, 조금 솔직해지는 게 어때요?

쿨~

음냐~

스포츠 강국
노르웨이

엘링 홀란이 어린 시절을 보낸 노르웨이는
아름다운 자연 환경으로 유명해요.
또한 비교적 적은 인구에도 불구하고
여러 스포츠 종목에서 뛰어난 성과를
보이는 것으로 잘 알려져 있지요.

하나 지리적 특징

유럽에서 국토가 다섯 번째로 큰 노르웨이는 스칸디나비아반도 서쪽에 위치하며 러시아, 핀란드, 스웨덴과 국경을 마주하고 있어요.

북극권에 위치한 노르웨이는 영토의 3분의 2가량이 스칸디나비아산맥의 산지로 이루어져 있어요. 이 산지는 빙하의 침식으로 평평해진 높이 1,000~2,000m의 고원이에요. 그래서 노르웨이에는 지금도 빙하가 남아 있지요. 특히 총면적 약 1,040㎢에 이르는 요스테달 빙하는 유럽 대륙에서 가장 큰 빙하로 알려져 있어요. 또한 빙하로 인해 만들어진 구불구불한 피오르가 노르웨이의 전 해안에 분포해 있어요. 피오르란 수천 년에 걸쳐서 빙하가 침식하며 형성된 깊고 긴 만으로, 빙하가 이동하면서 생긴 큰 계곡 안으로 해수가 침입해 만들어져요. 그중에 송네 피오르는 길이가 약 204km로 세계에서 가장 긴 피오르 해안이에요. 송네 피오르의 웅장한 모습은 탄성을 자아낼 정도로 아름답지요.

또한 노르웨이 하면 백야를 빼놓을 수 없어요. 백야는 이름 그대로 해가 지지 않아 밤이 어두워지지 않는 현상을 말해요. 고위도 지방에서 한여름에 태양이 지평선 아래로 내려가지 않아 생기는 것이지요. 노르웨이에서

노르웨이의 피오르

는 5월 중순부터 7월 말까지 백야를 볼 수 있어요. 반대로 겨울인 11월 말부터 1월 말까지는 해를 볼 수 있는 시간이 하루 3시간밖에 되지 않아요.

 ## 동계 스포츠

노르웨이는 긴 겨울과 많은 눈, 산악 지형이 많은 자연환경 때문에 스키가 발달했어요. 노르웨이 사람은 스키를 신고 태어난다는 말이 있을 정도로, 아주 어릴 때부터 스키를 배우며 자라지요.

스키와 폴을 이용해 눈 덮인 산과 들을 이동하는 크로스컨트리 스키는 노르웨이의 대표적인 스포츠예요. 지금도 노르웨이 곳곳에 크로스컨트리 스키 트랙이 있어 누구나 쉽게 즐길 수 있어요.

노르웨이에는 자연 속에서 야외 활동을 즐기는 '프리루프트슬리브'라는 문화가 있을 만큼 노르웨이 사람들은 겨울철 영하의 기온에도 여가 시간에 스포츠를 즐겨요. 이는 노르웨이가 세계 스포츠 대회에서 크로스컨트리 스키와 바이애슬론, 스키점프, 알파인 스키 종목에서 강세를 보이며 우수한 성과를 거두는 바탕이 됐지요.

크로스컨트리 스키 경기 @Letartean

셋 하계 스포츠

노르웨이는 누구나 즐길 수 있는 풀뿌리 스포츠부터 프로 선수까지 체계적으로 선수를 육성하고 스포츠를 지원하는 시스템이 잘 갖추어져 있어요. 덕분에 약 550만 명의 적은 인구에도 불구하고 동계 스포츠뿐 아니라 핸드볼, 육상, 축구, 비치 발리볼, 조정, 사이클, 골프 등 하계 스포츠 종목에서도 높은 성과를 거두고 있지요.

특히 노르웨이의 여자 핸드볼은 세계 선수권, 유럽 선수권 대회에서 여러 차례 우승을 거머쥐고, 올림픽에서도 다수의 금메달을 획득하며 세계적인 강자로 자리매김했어요. 대표적인 선수로는 연속 2회 득점왕과 세계 선수권 대회에서 여러 차례 득점왕을 차지한 노라 뫼르크, 챔피언스 리그 MVP와 네 차례 올스타 센터백으로 선정된 스틴 오프테달 등이 있어요.

그 밖에도 육상 종목에서는 남자 400m 허들 세계 기록을 보유한 카르스텐 바르홀름을 비롯해서 남자 1,500m, 5,000m 올림픽 금메달과 남자 3,000m 세계 기록을 갱신한 야코브 잉에브릭트센 등이 활약하고 있어요.

2장

지독한 성장통

> 넌 축구 선수로서
> 첫 번째 고비를
> 맞이했을 뿐이야.
> 난 이 고비가 오히려
> 너를 발전시킬 거라 믿는다.

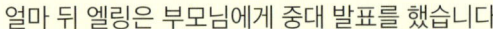

나 말이야.
아빠처럼 축구 선수가
되고 싶어!

호… 혹시
아빠 때문이니?

아~니!

이것저것 다 해 봤는데
역시 축구가 제일 재미있었어!

만세~!
역시 내 아들이야!

어이구, 저렇게
좋아할 거면서!

34

엘링은 다섯 살의 나이로 브뤼네 FK 유소년팀에 입단했습니다.

엘링은 정식으로 축구를 배운 적이 없음에도 또래 아이들보다 뛰어난 기량을 선보이며 한 그룹 위의 팀에서 훈련을 받게 되었습니다.

다섯 살이라기엔 체력이나 실력이 상당한 수준이야.

저런 꼬맹이랑 같이 훈련하라고?

이런 법이 어디 있어? 불공평해!

흥, 다들 얼마나 잘하길래… 두고 봐, 훈련장에서 내 실력을 보여 주고 말겠어.

훈련하는 데 방해만 될 게 뻔해.

짱-긋

삐비-익

출발!

타닷!

형, 내 손 어서 잡아.
계속 훈련해야지!

으아아아~
세게 잡아당기지 마!

꼬맹이 네가
너무 가벼운 거거든!

어린 선수답지 않게 움직임이 상당히 노련하군.

상대 수비수들이 맥을 못 출 정도야!

맞아, 아주 영리한 플레이였어.

와아

아

사람들은 엘링의 축구 실력을 칭찬했지만, 아버지의 생각은 달랐습니다.

얼핏 잘하는 것처럼 보이지만, 지금 엘링의 플레이는 자신의 약점을 보완하려는 임시방편에 지나지 않아!

음ㅡ

몸집이 작은 엘링은 몸싸움에서 상대가 안 돼. 그러니 영리해 보이는 플레이를 할 수밖에 없었던 것이지.

두

두웅

지금 당장은 통할지 몰라도 곧 한계에 부딪힐 거다. 결국….

당당히 부딪혀, 엘링! 언제까지나 몸싸움을 피할 수는 없다고!

엘링!

다행히 코치도 나와 같은 생각이군.

쿡!

40

엘링이 열다섯 살이 된 어느 날이었습니다.

응?

날씨 한번 신기하군.
이쪽은 맑은데 왜 저기만
먹구름이 가득하지?

쿠르릉-

…다녀왔습니다.

헉

뭐… 뭐야?
이쪽으로 점점
다가오잖아?

쿠릉~!

반짝!

콰콰쾅!

네가 몰고 온
먹구름이구나.

배고프지?
오늘 저녁은….

생각 없어요.

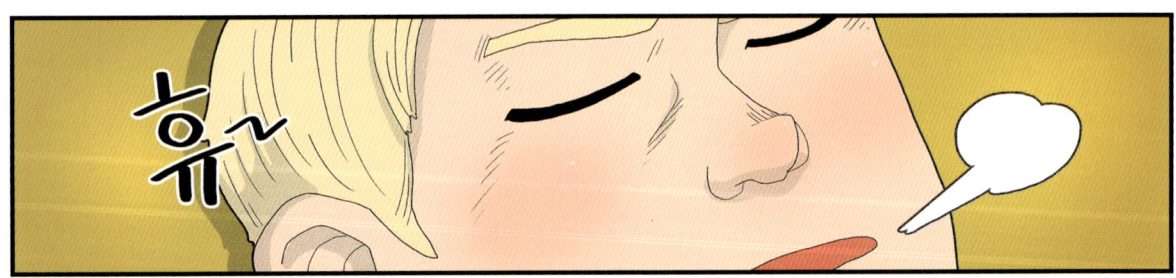

그렇지 않아도 연락드리려고 했었는데, 잘 오셨습니다.

엘링에게 무슨 일이 있나요?

아무래도 엘링이 슬럼프에 빠진 것 같습니다.

슬럼프요?

슬럼프란 어떤 분야에서 자기 실력을 제대로 발휘하지 못하는 상태가 길게 계속되는 일을 말합니다.

우우우우우

아시겠지만 U-15 팀 입단 후 한 시즌이 지나는 동안 아직 득점 기록이 없습니다.

네, 그건 알고 있어요. 하지만 그것 때문에 이렇게 힘들어할 줄은…:

경기 때마다 내 모습을 꼼꼼히 촬영해 두셨구나….

엥?

내가 왜 저기로 갔지?

또…또 같은 실수를 했어!

읙!

나 저 때 왜 저랬지?

왜..왜 저기로 가고 있지?

큭—

다시 보니 완전 흑 역사 모음이잖아!

난 그동안 내가 엄청나게 잘하는 줄 알았는데….

번 쩌억

그래도 내 문제점이 뭔지 이제 알 것 같아!

제 장점은
빠른 발을 이용한 돌파예요.
그래서 지금까지는 팀에서
윙어를 맡게 된 거고요.

제 문제는
포지션인 것
같아요.

두두두두

웍~

으악!

뻐─엉

엉!?

하지만 몸싸움에서도
상당히 밀리는 편이고….
운 좋게 공을 차지해도
골 결정력 부족으로
실패할 때가 많았어요.

딸깍~

기회를 놓치고 나면
부끄럽기도 하고
동료들에게 미안하기도 해서
마음이 너무 무거워지거든요.
계속해서 경기를 계속 뛰는 게
힘들 정도로요.

그런데 이런 것들보다
더 심각한 문제가 있어요.
바로, 득점 기회를 놓친 뒤의
제 마음이에요.

얼마 뒤

자네가 보기엔 어떤가?
엘링 말이야.

엘링은 자신의 강점과 약점을 파악하고 이를 개선하기 위해
노력한 덕분에 자신에게 잘 맞는 포지션을 찾게 되었습니다.

스트라이커로 포지션을
변경한 뒤로 윙어일 때보다
활약이 눈에 띌 정도로
늘었습니다.

민첩하고 빠른
움직임이 장점인
선수가 체격까지
좋아지니 흠잡을 데
없는 스트라이커가
되었어.

자신에게 맞는 포지션을 스스로
잘 찾아낸 것 같습니다.

2016년 어느 날

커헉

오랜만이야, 형.

스윽

아… 아저씬 누구세요?

슥

이젠 부담스러울 정도네.

헤헤.

와락

마른 몸에 가까웠던 엘링의 체형은 열여섯 살이 되면서 급격히 변하기 시작했습니다.

와규 와규-

훈련량을 늘리니까 많이 먹게 되더라고.

빠직

그런 것 같아. 근데 그거 내 거거든.

요즘은 어때? 잘되어 가?

응! 조만간 성인 리그에도 데뷔할 거야.

2016년 5월 12일, 엘링은 브뤼네 FK의 1군 소속으로 노르웨이 2부 리그 경기에서 데뷔했습니다.

하나 둘 셋!

파이팅!

에잇-

척!

이후 시즌 종료까지 총 16경기에 출전해 득점을 기록하지는 못했지만, 이전처럼 조급해하거나 불안해하지 않았습니다.

너무 실망하지 마라, 엘링. 데뷔 초 부진은 꽤 흔한 일이야.

걱정하지 마세요, 전 괜찮아요!

좋았어!

한걸음 더 나아가기 위한 성장통이라는 걸 잘 알거든요!

꾸-욱

맨체스터 시티 FC

엘링 홀란은 맨체스터 시티 FC의
주전으로 뛰었던 아버지의 영향을 받아
어린 시절부터 프리미어 리그를 꿈꿨어요.
프리미어 리그에서도 역대 최다 승점을
기록할 정도로 막강한 팀인
맨체스터 시티 FC에 대해 알아보아요.

 ## 하나 프리미어 리그

프리미어 리그는 잉글랜드 프로 축구의 1부 리그로, 맨
체스터 유나이티드 FC, 리버풀 FC, 맨체스터 시티 FC,
첼시 FC, 아스널 FC 등 오랜 역사와 전통을 지닌 세계
적인 명문 팀들이 속해 있어요. 대한민국의 손흥민 선
수가 뛰고 있는 토트넘 홋스퍼 FC 역시 프리미어 리그
에 속한 팀이지요.

프리미어 리그 시즌은 보통 8월에 시작해서 다음 해 5
월까지 열리고, 시즌마다 20개 팀이 팀당 38경기를 치
러 순위를 매겨요. 가장 많은 승점을 얻은 팀이 '프리미
어 리그 트로피'를 받게 되지요. 시즌이 끝나면 상위 4
개 팀은 UEFA 챔피언스 리그에 진출하며, 하위 3개 팀
은 2부 리그로 강등돼요. 1부 리그의 빈자리는 2부 리
그의 상위 클럽이 올라와 채우지요.

프리미어 리그 시즌에는 맨체스터 유나이티드 FC의 올
드 트래퍼드, 리버풀 FC의 안필드, 아스널 FC의 에미
레이츠 스타디움 같은 유서 깊은 홈구장은 축구의 성
지로 여겨지며, 경기마다 팬들의 뜨거운 응원과 함성으
로 가득 차요.

 ## 둘 구단의 역사

맨체스터 시티 FC는 1880년 영국 맨체스터에서 창단
됐으며, 당시 이름은 웨스트 고턴 세인트 마크스였어
요. 창단 초기 맨체스터 시티 FC는 지역 리그에서 활동
하다 1904년 첫 FA컵 우승을 하며 잉글랜드 축구 무대
에서 이름을 알렸어요. 1937년 프리미어 리그 첫 우승
을 차지했고, 1960년대에는 FA컵, 프리미어 리그, 위너
스컵에서 우승하며 첫 황금기를 맞이했어요. 이후 재정
난과 성적 부진으로 어려움을 겪었지만, 2008년 아부

다비 유나이티드 그룹이 구단을 인수한 후부터 전환점을 맞이했어요. 막대한 투자로 우수한 감독과 세계적인 선수들을 영입한 결과, 2012년 44년 만에 프리미어 리그 우승을 차지했어요. 이후 2016년부터는 호셉 과르디올라 감독의 지휘 아래 프리미어 리그의 강자로 자리 잡았어요. 2023년에는 트레블(프리미어 리그, FA컵, UEFA 챔피언스 리그에서 모두 우승하는 것)을 달성하고, FIFA 클럽 월드컵까지 우승하며 위세를 떨치고 있어요.

맨체스터 시티 FC의 홈구장 에티하드 스타디움
ⒸCleria De SouzaSouza

셋 주요 선수

● 다비드 실바

2010년부터 2020년까지 맨체스터 시티 FC에서 활동한 미드필더예요. 뛰어난 볼 컨트롤과 정확한 패스 능력으로 팀의 공격을 마법처럼 이끌어 '엘 마고(마법사)'라는 별명이 붙었지요. 그는 2012년 팀이 44년 만에 프리미어 리그에서 우승하는 데 핵심적인 역할을 했어요.

● 세르히오 아구에로

통산 390경기 260골 73도움으로 구단 역대 최다 득점자로 등극하며 맨체스터 시티 FC 역사상 최고의 스트라이커로 손꼽히는 선수예요. 2011년부터 2021년까지 다비드 실바와 함께 팀의 핵심으로 활동했어요. 그는 폭발적인 스피드와 탁월한 골 결정력으로 프리미어 리그 5회 우승, 잉글리시 풋볼 리그 6회 우승 등 총 15개의 트로피를 팀에 안겨 주었어요.

● 케빈 더 브라위너

환상적인 패스와 경기 장악력을 지닌 세계 최고의 미드필더로 2015년부터 맨체스터 시티 FC에서 활약했어요. 프리미어 리그 5회 우승, FA컵 2회 우승, UEFA 챔피언스 리그 우승 등 그의 활약은 팀을 최고의 전성기로 이끌었지요.

케빈 더 브라위너 ⒸSteffen Prößdorf

3장

축구 인생의 스승

> 서두를 필요 없어!
> 기회를 만드는 건
> 바로 너야!

2017년

엘링 브라우트 홀란은 어린 나이지만 대단한 가능성을 보여 주었고,

Daily Football

엘링 브라우트 홀란은 어린 나이지만 대단한 가능성을 보여 주었고, 노르웨이의 명문 팀 몰데 FK로 이적하는 성과를 얻었다.

노르웨이의 명문 팀 몰데 FK로 이적하는 성과를 얻었다.

어때요? 멋지죠?

그래, 대견하구나. 잘했다!

그래도 이건 기억해야 해. 넌 구단이 올해 영입한 수많은 유망주 선수 중 한 명일 뿐이라는 것!

피~

알겠어요. 자만하지 말라는 말씀이죠?

그래, 앞으로는 진짜 죽을힘을 다해 노력해야 할 거다.

그건 자신 있어요!

자신만만하게 시작했지만, 이적 첫해에 엘링은 20경기에 출전하여 4골 1도움이라는 평범한 성적을 기록했습니다.

어림없지~

이잌~

오어어어어어~

피곤하다!

엘링 선수, 잠시만요!

잠시 인터뷰를 할 수 있을까요?

저… 저를요?

오늘 전 그다지 큰 활약을 하지 못한걸요.

꼭 그런 선수만 주목받으란 법은 없잖아요?

감사합니다!

이적 후 팬들의 기대에 미치지 못하는 성적을 기록 중인데, 본인 생각은 어떠신가요?

하하하~

힉~

윽! 이런 인터뷰였어?

전 아직 어리고, 앞으로 제 실력을 보여 줄 시간은 충분하다고 생각해요. 그래서 조급해하지 않으려고 노력 중이죠.

흑~

그래도 다음 시즌부터는 확실히 달라진 제 모습을 보여 드릴 거예요.

엘링이 자신만만하게 내년을 기약한 이유는 몰데 FK에서 만난 축구 스승, 솔샤르 감독이 있었기 때문이었습니다.

올레 군나르 솔샤르. 그는 노르웨이 축구 국가대표 출신이자 영국 프리미어 리그 맨체스터 유나이티드 FC의 전성기를 이끈 전설적인 선수입니다. 은퇴 후 고향인 노르웨이로 돌아와 몰데 FK의 감독으로 활약 중이었습니다.

와아아

아아

집중ㅇ

덩치에 비해 엄청나게 빠르군! 뛰어난 체력과 순발력… 타고난 공격수다!

다다다다ー

솔샤르는 엘링을 처음 만났을 때 이미 그의 잠재력을 일아보았습니다.

휘익ー

키가 커서 공중볼 다툼이나 헤더 골에서도 확실히 유리할 거야!

퍼억

익!

61

끄응… 아직 훈련이 좀 더 필요하겠군. 특히 머리 쓰는 법!

숫! 슈팅을 해야 해! 이러다가 기회를 놓치고 말 거야!

쿠헉-

다다다닷

지금이다!

번쩍!

어디까지 날아가냐….

파

아

흥-

어라?

호… 홈런!

BRUNVOLL
PRECISION IS OUR PASSION

30
HAALAND
VS MOT

BRUNVOLL
PRECISION IS OUR PASSION

엘링!

뭐가 그렇게 급한 거야? 지나치게 서두르잖아!

저도 모르게 맘이 급해져서 그만….

지금과 같은 실수가 한두 번이 아니에요. 지난 경기 때도 득점 기회를 맞이하자 허둥대기 시작했죠.

그래?

엘링, 잠시 이리 와 봐.

하아ー

죄송해요. 어떻게든 득점을 해야 한다는 생각에 사로잡혀서 그만….

끄응ー

득점 기회를 기대하면서도 동시에 스트레스를 많이 받거든요.

맙소사! 득점 기회가 스트레스라니! 공격수로서는 치명적인 문제잖아!

그런 문제는 간단히 해결할 수 있어, 엘링.

득점 기회를 네가 직접 만들면 되잖아?

그러면 슛 타이밍도 누구보다 네가 정확히 알 테고.

듣고 보니 그러네요. 그 생각을 왜 못했지?

응?

그런데 여기서 스스로 득점 기회를 만든다는 말은 곧 경기를 주도한다는 뜻! 그만큼 실력이 뒷받침되어야겠지?

오늘부터 기본기 훈련에 매진한다. 양발을 자유롭게 쓸 수 있도록 매일매일 연습하는 거야. 서두를 필요 없어! 기회를 만드는 건 바로 너야!

톡!

톡!

톡!

그날부터 엘링은 마치 처음 축구를 배우는 것처럼 솔샤르 감독의 지도에 성실히 따랐습니다.

퍼억

자, 오늘 훈련 끝!

짝 짝 짝

흥-

솔직히 말해 봐. 헤더 슛할 줄 모르지?

아니거든요!

엘링, 저녁에 알지?

물론이지!

그날 저녁

엘링은 종종 동료들과 패스트푸드로 식사를 대신하곤 했습니다.

치즈 버거 두 개, 베이컨 버거 누 개, 더블 버거 두 개요.

응?

누가 또 오는 건가?

난 이 정도면 돼. 넌?

휙

쿼!

이게 다 네 거였어?

올라아안~

깜짝!

체중 관리에 특히 신경 써야 하는 시즌 중에 패스트푸드로 폭식을 해? 정신이 있는 거냐?

다음 날

슥~

엘링, 넌 오늘부터 특별 식단 관리 대상이다.

훈련 시간 이후에도 뭘 먹었는지 하나도 빼놓지 말고 보고하도록!

알았지?~

에휴….

솔샤르 감독은 식단 관리부터 훈련까지 세심하게 엘링을 지도했습니다.

골!

골키퍼가 방향을 예측했지만, 엘링의 슛은 너무나 강하고 정확했습니다!

휘-익

엘링 홀란, 경기 시작 4분 만에 득점에 성공합니다!

왁-아

거의 두 달 만에 맛보는 골이군요!

후반전

다다!

아얏! 엘링, 단독 드리블을 시작합니다!

팡

팡

몰데가 슬슬 공격 템포를 끌어올리고 있습니다.

엘링 홀란!
후반 19분에 오늘의
두 번째 골을 터뜨립니다!

이번 시즌 아홉 번째 경기에서
드디어 멀티골을 기록합니다!

감독님….

거봐라,
서두를 필요 없다고 했지?
아주 멋진 골이었다.

흠

모든 것이요!
실제로 먹는 것부터
훈련 방법까지 많은 것을
바꾸었어요.

엘링 선수,
지난 시즌과 비교해
눈에 띄게 큰 활약을 하고 있는데,
어떤 점이 달라졌나요?

엘링은 솔샤르 감독에게 감사의 인사를 아끼지 않았습니다.

그렇게 할 수 있었던 건
모두 저의 축구 스승,
솔샤르 감독님 덕분입니다.

누가 내
얘기하나 —

얼마 뒤

다음 상대는
SK 브란이지?

네.

브란은 최근 무패 행진으로
상승세를 타는 중이어서 쉽지 않은
경기가 될 것 같아요.

흠….

엘링의 소속 팀인 몰데 FK는 SK 브란과 엎치락뒤치락하며 순위 다툼을 벌이고 있었습니다.

엘링! 오늘 컨디션이 무척 좋아 보이는군.

아, 감독님!

대단히 좋은 건 아니지만 나쁘지도 않은….

꾸욱

아냐! 좋아! 엄청! 내가 보면 알아! 그래서 말인데, 왠지 네가 오늘 해트 트릭을 할 것 같아.

엥?

무슨 근거로 그렇게 말씀하시는 건데요?

없어! 그냥 느낌이랄까?

하하 하

생각해 봐, 엘링.
오늘처럼 어려운 경기에서 해트 트릭을
기록하면 유럽 최고의 클럽들이 너에게
관심을 보일 거라고. 프리미어 리그?
분데스리가? 어디든 네 맘대로
골라서 갈 수 있을걸?

엘링, 넌 잠재력이 있어!
해트 트릭! 해트 트릭!

왠지 빠져든다.
홀린 것 같은 기분이야.

이건
동기 부여가 아니라
세뇌 수준이잖아!

엘링, 가서 네가
어떤 선수인지 보여 줘!
파이팅!

분명 무슨 꿍꿍이가
있는 것 같은데….

그래도 나를
이렇게까지 믿어 주시니까
기분은 좋은데?

몰데 FK 대 SK 브란

그래, 해트 트릭
못하라는 법도 없지!

두근 두근 두근 두근 두근

탕

생각해 보면
감독님의 말은
항상 맞았어.

휙

그러고 보니
감독님 말대로 오늘 유난히
몸이 가벼운 것 같아!

파앗

ㅇ아아아앗

평소보다 더 힘이 나!
나 진짜 해내는 거 아니야?

솔샤르 감독의 동기 부여 덕분인지 엘링은 이 경기에서 전반전 21분 동안 네 골을 터뜨리는 대기록을 세웠습니다.

골!

고—올!

골!

골!

몰데 FC가 SK 브란을 4 대 0으로 완파했습니다!

놀랍게도 오늘 몰데의 승리를 이끈 주역은 18세의 소년입니다.

아

와

엘링 홀란! 여러분, 이 이름을 반드시 기억하십시오.

경기를 이끄는 전략가 감독

감독은 팀을 책임지는 리더이자
경기를 주도하는 전략가예요.
감독의 능력은 경기 승패를 가를 정도로
큰 영향을 미치지요. 감독의 역할과
대표적인 선수 출신 감독을
알아보아요.

하나 감독의 역할

감독은 팀을 이끌고 경기를 운영하는 지휘관이라고 볼 수 있어요. 선수단 관리, 선수 선발, 훈련 운영, 경기 전술 등 팀 운영 전반을 결정하는 권한을 지니고 있기 때문이에요. 감독은 경기에 앞서 경기 스타일과 전술을 결정하고, 상대 팀에 맞는 전략을 세워요. 선수들의 포지션 배치, 공격 및 수비 방식 등을 설계하고 결정하지요. 경기 중에는 벌어지는 상황에 따라 실시간으로 전술을 변경하고 선수를 교체하기도 해요. 또한 감독은 코치진과 함께 선수들의 체력, 기술, 심리 상태를 관리하고 훈련하며 선수들이 투지를 발휘할 수 있게 독려하면서 팀 내 분위기 조성과 갈등 해결에도 중요한 역할을 해요.

둘 대표적인 선수 출신 감독

감독이 전술을 짜고, 선수들을 맞는 포지션에 배치하기 위해선 경기 경험이 많아야 해요. 그래서 감독은 보통 축구 선수 생활을 해 본 사람이 많지요.

● 호셉 과르디올라
스페인에서 태어난 호셉 과르디올라는 현대 축구 전술의 거장으로 손꼽히는 감독이에요. FC 바르셀로나에서 미드필더로 맹활약했던 그는 은퇴 후 감독으로 다시 한번 팀을 이끌었어요. 호셉 과르디올라는 2008년부터 2012년까지 FC 바르셀로나 감독으로서 리오넬 메시, 안드레스 이니에스타, 사비 에르난데스 등의 선수와 함께 '티키-타카'라고 불리는 공격적 축구 전술을 선보이며 세계 축구의 패러다임을 바꿨어요. 이때 3년 연속 라리가 우승과 UEFA 챔피언스 리그 2회 우승이라는 놀라운 성과를 이루어 내기도 했지요.

이후 2013년부터 2016년까지 FC 바이에른 뮌헨의 감독으로 활동하며 3회 연속 분데스리가 우승, UEFA 슈퍼컵 우승, FIFA 클럽 월드컵 우승을 달성했어요.

2016년 여름부터 현재까지 호셉 과르디올라는 맨체스터 시티 FC의 감독을 맡고 있어요. 그는 선수들의 포지션을 재해석해 전환하거나 다양한 접근법을 개발하는 등 끊임없이 전술을 발전시켰어요. 그가 감독을 맡은 후 맨체스터 시티 FC는 4년 연속 프리미어 리그 우승 등의 뛰어난 성과를 거두며 프리미어 리그 최고의 클럽으로 거듭났어요.

경기를 지켜보는 호셉 과르디올라 감독 ©Steffen Prößdorf

● 조제 모리뉴

조제 모리뉴는 포르투갈 출신의 세계적인 축구 감독이에요. '스페셜 원(The Special One)'이라 불리는 모리뉴는 선수 시절 큰 성과를 거두지 못하자 일찌감치 축구 지도자가 되기 위한 공부를 시작해 감독이 되었어요.

그는 작은 축구팀 감독을 시작으로 2004년 FC 포르투의 감독으로 부임 후 UEFA 챔피언스 리그 우승을 차지하면서 전 세계에 이름을 알리기 시작했어요. 이후 첼시 FC, FC 인테르나치오날레 밀라노, 레알 마드리드 CF, 맨체스터 유나이티드 FC, 토트넘 홋스퍼 FC, AS 로마 등 유럽의 명문 구단들을 차례로 지휘하며 유럽 4개 리그에서 우승을 차지했어요. 강력한 수비 조직력과 효율적인 역습, 상황에 유연하게 대응하는 전략적 접근을 통해 많은 승리를 이뤄 낼 수 있었지요.

● 알렉스 퍼거슨

영국 스코틀랜드 축구 선수 출신의 알렉스 퍼거슨은 1986년 멕시코 월드컵에서 스코틀랜드 국가대표팀 감독을 맡은 후 맨체스터 유나이티드 FC의 감독이 되었어요. 그는 1986년에서 2013년까지 약 26년 동안 탁월한 리더십과 전략적 안목, 뛰어난 선수 관리 능력으로 팀을 세계 최고 수준으로 끌어올렸어요. 또한 데이비드 베컴, 라이언 긱스, 크리스티아누 호날두, 박지성 등 수많은 스타 선수를 발굴하고 키워 냈지요.

퍼거슨이 이끄는 맨체스터 유나이티드 FC는 프리미어 리그 13회, FA컵 5회, UEFA 챔피언스 리그 2회 우승 등 놀라운 기록을 달성했어요. 특히 1999년에는 프리미어 리그, FA컵, UEFA 챔피언스 리그를 모두 석권하는 트레블을 달성해 맨체스터 유나이티드 FC의 황금기를 이뤄 냈어요.

4장

기록 행진

> 오늘의 성과는
> 제가 매일 훈련하고 준비한
> 결과이기도 해요.
> 그러니 특별하다고만
> 말할 수는 없겠죠?

솔샤르 감독의 말대로 엘링은 단 한 경기 만에 리그에서 가장 주목받는 선수로 등극했습니다.

깜짝 스타라는 말은 이 선수를 두고 하는 말인 것 같습니다. 그 주인공은 바로 몰데 FK의 엘링 홀란 선수인데요.

우웅성

우웅성

우웅성

OCCER

지난 SK 브란과의 경기에서 엘링 홀란은 눈부신 활약을 펼쳐 몰데를 리그 2위로 끌어올리고 빅 클럽의 눈도장을 찍었습니다.

결국 엘링은 2018-19 시즌 겨울 이적 시장을 통해 오스트리아 분데스리가 클럽인 FC 레드불 잘츠부르크로 이적하게 되었습니다.

Contract

못된 녀석! 역시 떠나는구나. 팀을 우승이라도 시켜 놓고 갈 것이지!

쳇-

그랬나-

빅 리그 이야기를 꺼내서 저를 자극한 건 감독님이잖아요.

2019 FIFA U-20 폴란드 월드컵 노르웨이 대 온두라스

노르웨이 대표팀과 온두라스 대표팀의 전반전 경기가 시작됩니다.

나란히 2패를 기록한 노르웨이와 온두라스. 과연 이번 대결의 결과는 어떨까요?

오, 오늘 왠지 몸이 가벼운데?

엘링 홀란은 노르웨이 리그 몰데 FK에서 오스트리아 분데스리가 FC 레드불 잘츠부르크로 이적한 선수죠.

사실 노르웨이 리그는 유럽에서 중하위권으로 평가받는데요. 유럽 리그에 잘 적응할 수 있을지 모르겠군요.

엘링이 다시
기회를 잡았습니다!

세상에! 엘링이 또 다시
골을 넣으며 전반전에만
5골을 기록하는 노르웨이.

엘링의 실력이 이 정도였나요?
골 결정력이 성인 프로 선수
못지않습니다.

놀랍습니다.
전반전 5골에 이어
후반전 거침없는 슈팅으로
4골을 더 넣습니다.

이, 이런 기록이
축구에서 나오기도 하는군요.

엘링은 이날 경기에서 득점 기회를 포착하는 센스와 위치 선정 능력, 빠른 발, 강력한 슈팅 등 자신의 능력을 마음껏 뽐냈습니다. 수많은 10대 축구 선수 가운데 하나였던 엘링은 이 경기를 통해 전 세계의 주목을 받는 선수로 떠오르게 되었습니다.

엘링의 총 9골, 트리플 해트 트릭에 힘입어 노르웨이는 12 대 0이라는 대승을 거두었습니다. 하지만 3위 간 승점 비교에서 밀려 조별 리그에서 탈락하게 되었지요.

FC 레드불 잘츠부르크로 이적 후 첫 시즌을 무사히 보낸 엘링은 2019-20 시즌에도 경기에 출전할 때마다 한 골 이상을 득점하며 활약을 이어 나갔습니다.

드디어
챔피언스 리그다!

그리고 마침내 FC 레드불 잘츠부르크는 챔피언스 리그에 진출했습니다.

챔피언스 리그는 매년 유럽 각국의 리그에서 우수한 성적을 거둔 상위 36개 팀이 모여 유럽 최강의 팀을 가리는 대회입니다. 세계 최고의 권위와 명성을 자랑하는 대회이지요.

세계적인 축구 스타들이 총출동하기에 '별들의 전쟁'이라고 불리기도 하며, 축구 선수라면 누구나 한 번쯤 밟아 보길 바라는 '꿈의 무대'이기도 합니다.

축구공 하나만 있으면 온종일 뛰어놀았죠.

흠...

전 어릴 때부터 유독 축구를 좋아했어요.

친구들과 좋아하는 선수의 골 세리머니를 열심히 따라하기도 하고요.

호~우!

특히 챔피언스 리그가 시작되면 거기에 정신이 팔려서 아무것도 못 할 정도였어요!

뿌듯

말 그대로 꿈의 무대였는데… 지금 이렇게 직접 뛰게 된다니 정말 벅차요.

응, 나도.

엥?

하

나도 그랬어.

하

마찬가지야.

나도!

하

하

92

2019-20 UEFA 챔피언스 리그 FC 레드불 잘츠부르크 대 KRC 헹크

엘링은 챔피언스 리그 데뷔전에서 전반전에만 세 골을 넣으며 세계의 축구 팬들을 충격에 빠뜨렸습니다.

잘츠부르크 이적 후 첫 경기 때도 해트 트릭을 기록했지만, 이번에는 수준이 다릅니다!

골!

골!

골!

골!

이곳은 무려 챔피언스 리그니까요!

엘링은 챔피언스 리그 역사상 데뷔전에서 해트 트릭을 달성한 가장 어린 선수가 되었습니다.

경기 후 인터뷰에서 엘링은 침착하고 성숙한 태도로 한 번 더 사람들을 놀라게 했습니다.

챔피언스 리그는 저의 오랜 꿈이었습니다. 그 꿈이 현실로, 그것도 해트 트릭이라는 좋은 결과로 나타나서 무척 기쁩니다.

이런 결과를 만들기 위해 함께 노력해 준 동료들에게도 감사의 마음을 전하고 싶고요. 그런데 한편으로 오늘의 성과는 제가 매일 훈련하고 준비한 결과이기도 해요. 그러니 특별하다고만 말할 수는 없겠죠?

오—

겸손하면서도 자신감이 넘치는군. 19살짜리 선수 치곤 꽤나 의젓한데?

내 말이. 잔뜩 들떠서 흥분해도 이상하지 않을 텐데 말이야.

엘링의 성공적인 챔피언스 리그 데뷔를 축하하며!

하하

정말 축하한다, 엘링!

짠~

난 네가 해낼 줄 알았어!

호호

하

하

하

하

AM 01:34

그날 밤, 가족들은 엘링을 축하하는 작은 파티를 열었습니다.

끼익-

오빠, 어디 가?

깜짝!

다음 경기 준비도 할 겸
체육관에 다녀오려고.

응?

이 시간에? 그리고
다음 경기까지는 3일이나
남았잖아.

헤헤..

그래도
열심히 하면 좋잖아?

이제 사람들이 나에게
관심을 가지기 시작했어.

난 오늘 경기뿐만이 아니라
앞으로도 계속 잘할 수 있다는 것을
보여 주고 싶어!

우웅

우웅

챔피언스 리그에서 강렬한 데뷔전을 치른 날, 엘링의 SNS 팔로워 수는 폭발적으로 늘어났습니다.

나에게 진짜 중요한 일은 따로 있으니까!

이후 엘링은 말 그대로 '골 폭풍'을 일으키며 리그와 유럽 대회에서 득점 행진을 이어 갔습니다.

엘링이 챔피언스 리그 조별 리그에서 5경기째 연속 골을 터뜨립니다!

더 큰 리그에서 세계적인 선수들과 겨뤄 보고 싶어!

메시나 호날두처럼 축구계에 신화를 써 내려갈 선수가 등장했습니다!

FC 레드불 잘츠부르크

꿈에 그리던 챔피언스 리그 데뷔전에서
큰 활약을 펼친 엘링 홀란.
그가 뛰었던 FC 레드불 잘츠부르크에 대해
알아볼까요?

하나 구단의 역사

FC 레드불 잘츠부르크는 오스트리아를 대표하는 축구팀으로, 오스트리아 최상위 리그인 분데스리가에 속해 있어요. 구단은 1993년에 창단됐는데, 당시 이름은 SV 오스트리아 잘츠부르크였어요. 창단 초기에는 지역 리그와 국내 리그에 출전하는 중상위권 팀이었어요. 1950년대부터 1980년대까지 오스트리아 리그에서 점점 입지를 넓혀 갔지만, 큰 성공을 거두지는 못했어요. 하지만 1990년대에 오스트리아 분데스리가에서 첫 우승을 차지하고 유럽 리그에 참여하게 되어 주목받기 시작했어요.

이후 2005년에 에너지 음료 회사 레드불에 인수되면서 새롭게 도약하는 계기를 맞게 되었어요. 레드불은 구단 이름을 FC 레드불 잘츠부르크로 변경하고 혁신적으로 구단을 운영했어요. 최첨단 훈련 시설을 세우고 유소년 아카데미에도 대규모 투자를 진행했지요. 젊은 선수를 발굴하고 육성하는 데도 힘을 쏟아 구단의 경쟁력을 높여 나갔어요. 그 결과, FC 레드불 잘츠부르크는 공격적이고 역동적인 축구 스타일을 구축해 강팀으로 성장했어요. 오스트리아 분데스리가에서 연이어 우승을 차지

2007년 오스트리아 분데스리가에서 우승한 FC 레드불 잘츠부르크
@DaChief

하며 오스트리아 최강 프로 축구팀이 됐지요. 특히 2010년대부터는 UEFA 챔피언스 리그와 유로파 리그 등 유럽 대회에 꾸준히 진출하는 실력 있는 팀으로 자리 잡았어요.

주요 선수

FC 레드불 잘츠부르크는 젊은 유망주를 발굴하고 재능을 끌어 올려 성장시키는 시스템을 구축했어요. 기량이 높아진 선수를 높은 이적료를 받고 상위 리그로 보내는 것으로도 유명하지요.

● 사디오 마네

폭발적인 스피드와 기술, 팀플레이 능력과 높은 득점력을 지닌 공격수로, 2012년부터 2014년까지 FC 레드불 잘츠부르크에서 뛰었어요. 그는 오스트리아 리그에서 2시즌 동안 63경기에 출전해 31골을 넣는 활약을 펼쳤지요. 그는 이 활약을 바탕으로 사우샘프턴 FC를 거친 후 2016년에 리버풀 FC로 이적했어요. 사디오 마네는 리버풀 FC에서 잉글랜드 프리미어 리그와 UEFA 챔피언스 리그 우승을

이끌며 세계적인 스타로 성장했어요. 2019년에는 프리미어 리그 득점왕을 수상하기도 했지요. 현재 사디오 마네는 사우디아라비아의 알 나스르 FC에서 활약하고 있어요.

● 나비 케이타

뛰어난 볼 컨트롤과 패스 능력이 장점인 미드필더예요. 그는 2014년부터 2016년까지 FC 레드불 잘츠부르크에서 2시즌 동안 81경기에 출전해 20골을 넣는 활약을 펼쳤어요. 이후 RB 라이프치히를 거쳐 2018년에 리버풀 FC로 이적했어요. 현재는 독일 분데스리가의 SV 베르더 브레멘에서 활약하고 있지요.

● 황희찬

빠른 스피드와 압박, 득점 능력이 돋보이는 공격수예요. 그는 2015년부터 2019년까지 FC 레드불 잘츠부르크에서 뛰었어요. 2018-19 시즌 유럽 무대와 UEFA 유로파 리그에서 눈에 띄는 활약을 펼친 후 RB 라이프치히로 이적했어요. 현재는 울버햄튼 원더러스 FC로 이적해 활약하고 있어요.

사디오 마네 @Werner100359

5장

후회 없는 선택

> 제가 원하던 건
> 이런 솔직함과 명확함이에요.
> 전 아직 큰돈이나
> 명성을 좇기보다는
> 성장에 집중해야 할
> 시기니까요.

엘링은 2019-20 시즌 겨울 이적 시장을 통해 더 큰 리그에 진출하기로 결정했습니다.

저에게 관심을 보이는 팀이 있나요?

당연하지!

혜성같이 나타난 골 기계를 마다하는 팀이 어디 있겠어? 바보가 아닌 다음에야!

힛-

이적을 제안한 팀 중에는 프리미어 리그 상위 팀도 있어.

오!

문제는 세부적인 합의 사항들이지. 이적료, 계약 기간, 출전 횟수 등등….

그렇긴 하죠.

몇몇 구단은 네가 대화하기를 원한다면 언제든 전용기를 보내 주겠대.

네?

전용기를요?

그래. 거물을 데려가려면 그 정도 성의는 보여야 하지 않겠어?

놀라긴…

그… 그런가요?

헤
헤

실제로 여러 구단이 엘링과 이적 논의를 하는 과정에서 전용기를 비롯한 호화로운 환경을 제공했습니다.

우아!

영국까지 편안히 모시겠습니다.

척

아무리 생각해도 아직 난 이런 대접을 받을 만한 수준은 아니야.

엘링 선수의 경기를 분석해 봤을 때 저희 도르트문트는….

흠-

그러던 어느 날,

직접 뵙고 이야기 나눌 수 있을까요?

엥?

왜 이렇게 서두르는 거야? 더 나은 조건을 제시하는 팀도 있다고!

휘

독일 분데스리가의 명문 팀 보루시아 도르트문트는 엘링이 만났던 그 어떤 팀보다 진지하게 협상에 임했고, 엘링은 도착한 지 몇 시간 만에 이적을 결심했습니다.

2020년 1월, 엘링은 독일의 보루시아 도르트문트로 이적했습니다.

독일 분데스리가 2019-20 시즌 보루시아 도르트문트 대 FC 아우크스부르크

아우크스부르크, 강력한 압박으로 끝없이 몰아붙이고 있습니다!

빠른 역습에 고전하는 도르트문트!

와

아

니더레흐너! 오늘의 두 번째 골을 성공시킵니다!

남은 시간이 얼마 없다! 경기 흐름을 반전시키지 않으면 이대로 끝나고 말 거야.

흠

그래! 우리한텐 새로운 무기가 있었지!

후반전 11분, 도르트문트의 선수 교체입니다.

끄덕

26 17
BUNDESLIGA

교체 선수는 등 번호 17번, 엘링 홀란입니다! 도르트문트의 새로운 얼굴이죠.

RTMUND 26

탁-

엘링 홀란, 과연 도르트문트를 구원할 수 있을까요?

타아ㅅ-

상황이 어떻든 일단 경기에 집중하자!

팬들의 응원이 거의 없다시피한 원정 경기에서, 그것도 팀이 패색이 짙은 상황에서 데뷔전을 치르게 되었지만 엘링은 크게 신경 쓰지 않았습니다.

골! 골입니다!
엘링 홀란의 데뷔골!

파

아앙

엘링은 교체 투입 후 처음으로 받은 패스를 그대로 골로 연결시켜 득점에 성공했습니다.

와아아
아

엘링!
교체 투입 3분 만에
득점에 성공합니다!

한 점 차이라면
남은 시간 동안 충분히
따라잡을 수 있어!

잘하면 이길 수도
있겠는데?

그래, 내가 원하던 게
바로 이거야!

쭈—욱

엘링의 깜짝 득점은 도르트문트 선수들을 자극했고, 팀의 분위기를 바꾸어 놓았습니다.

다다다다닷!

가자!

엘링의 득점으로 각성한 도르트문트, 추격을 시작합니다!

해 보는 거야!

후반전 16분

도르트문트의 제이든 산초, 동점골을 터뜨립니다!

팡!

좋았어!

엘링 선수가 바꿔 놓은 경기의 흐름을 동료들이 살리는군요!

후반전 25분

하키미, 엘링에게 이어 줍니다.

슝

이잇

타앗

빠르게 수비수 사이를 파고드는 엘링!

와

?

아

아

아

골

아

FCA
1907
FC AUGSBURG

BVB
09
BORUSSIA
DORTMUND

아 3 : 5

엘링은 과거 잘츠부르크 데뷔전에 이어 도르트문트에서도 데뷔전 해트 트릭이라는 대단한 기록을 세웠습니다.

엘링!

엘링!

휘

보루시아 도르트문트 팬들은 원정 경기에도 찾아와 엘링과 선수들을 응원했습니다.

엘링!
엘링! 엘링!

그거 알아?
도르트문트의 서포터들은
분데스리가에서 가장
열정적이야.

맞아. 홈구장에서
옐로 월을 보면
깜짝 놀랄걸?

옐로 월이 뭐죠?

하 하 하

조만간 뭔지
알게 될 거야.

강렬한 데뷔전을 치른 엘링은 그 어느때보다 많은 주목을 받았습니다.

어제 경기에서 엘링의 활약을 어떻게 평가하시나요? 물론 긍정적일 수밖에 없겠지만요.

어제 경기에서 엘링의 슈팅 횟수는 단 세 번이었어요. 놀랍게도 이 세 번의 슈팅이 모두 득점으로 이어졌죠. 그 덕분에 도르트문트는 역전에 성공했고요.

더 놀라운 건 이 모든 일이 불과 34분 만에 이루어졌다는 사실이에요.

오! 전 벌써부터 다음 경기가 기대되는데요? 다음 경기는 도르트문트의 홈경기죠?

네, 이 강렬한 데뷔전이 우연이 아니었다는 걸 꼭 증명해 줬으면 좋겠습니다. 어제 이후로 팬이 되어 버렸거든요.

며칠 뒤 엘링은 도르트문트 팬들의 열렬한 응원 속에 첫 번째 홈경기를 치렀습니다.

와아아아아

우아!

끄악

BVB 09

옐로 월이 뭔지 이제 알겠지?

하하하하

와아아아아
엄청난 함성과 열기 정말로 대단해요!
원정 팀이 아무리 강해도 거대한 옐로 월을 직접 보면 움찔한다니까!
WESTFAL
상대의 기를 꺾고 우리에겐 엄청난 에너지를 주지!
축구 하나로 이렇게 많은 사람이 하나가 될 수 있다니…!
SIGNAL IDUN
두근두근
두근두근
정말 멋지다! 완전 내 스타일이야!

팬들의 열정적인 응원에 힘입어 엘링은 이날 경기에서도 2골을 기록, 팀의 승리에 크게 기여했습니다.

퀼른의 수비를 완벽히 따돌린 엘링, 여유롭고 침착하게 골을 성공시킵니다!

엘링! 골키퍼와 일대일 찬스를 놓치지 않고 10분 만에 다시 득점합니다!

득점 후 엘링은 옐로 월 앞에서 열정적인 골 세리머니로 팬들의 응원에 화답했습니다.

어이, 엘링!

네?

@EVONIK

노랫소리 들려? 팬들이 널 위해 만든 응원가래.

오, 정말요?

보루시아 도르트문트의 홈구장 지그날 이두나 파크는 팬들이 엘링을 위해 특별히 만든 응원가로 가득 찼습니다.

여기에 온 건 정말 후회하지 않을 선택이었어.

훌란, 홀란! 그는 보루시아의 선수야~
골을 넣기 위해 태어난 그는 우리의 골 머신!!
훌란, 홀란! 그는 막을 수 없어!

정말 행복하다!

DORTMUND 17 HAALAND

엘링이 이적한 2020년은 전 세계가 코로나19 바이러스로 큰 고통과 피해를 겪은 해이기도 했습니다.

바이러스의 확산을 방지하기 위해 분데스리가는 모든 경기를 두 달 동안 중단했습니다.

평소라면 팬들의 함성 소리로 가득해야 했을 텐데 아쉽다.

그나저나 팬들은 어떻게 지내고 있을까?

모든 사람이 고통을 겪던 이 시기, 엘링은 SNS를 통해 팬들과 적극적으로 소통하며 유쾌한 에너지를 전파했습니다.

자, 지금부터 저에 관해 궁금한 것이 있다면 질문해 주세요.

뭐든 질문하셔도 좋지만, 전 대답하고 싶은 것만 할 거예요. 하하하!

● LIVE

항상 건강하게 지내길 바랄게요. 축구도 계속 사랑해 주시고요!

오늘은 많은 분들이 궁금해하시던 개인 훈련 영상을 보여 드릴게요.

자선 축구 경기

YOBUT
TSO TDLA

고마워요, 엘링!

왜 이렇게 열심히 소통하냐고요? 제 성공은 팬 여러분 덕분이니까요!

그 밖에도 엘링은 자선 활동에 참여하거나 편지를 보낸 어린 팬에게 직접 영상 메시지를 녹화해 전달하는 등 팬들과 끊임없이 소통했습니다.

지금이야말로 여러분에게 받은 사랑을 돌려줄 수 있는 시간이라고 생각해요.

두 달 뒤

네? 경기는 할 수 있는데, 관중은 없다고요?

분데스리가는 무관중 경기로 리그를 다시 진행했습니다.

너무 조용하니까 흥이 나질 않네.

도무지 적응이 안 돼.

휴—

124

이런 상황에서도 엘링과 동료들은 득점 후 빈 관중석을 향해 관중이 있는 척 골 세리머니를 하는 유쾌한 모습을 보여 주었습니다.

예에!

얏호!

골 세리머니를 하려면 중계 카메라를 보면서 해야지.

쟤들 누구한테 저러는 거야?

잉?

The Goal Machine

이후 리그가 정상화되자 엘링은 '골 넣는 기계'라는 말이 어울릴 정도로 분데스리가와 각종 유럽 대회를 오가며 눈부신 활약을 펼쳤습니다.

엘링은 분데스리가 데뷔 후 50골을 50경기 만에 이루어 내며 분데스리가 최단 기록을 세웠고, 챔피언스 리그에서도 가장 어린 나이에 20골을 넣은 선수에 이름을 올렸습니다.

동료들이 좋은 기회를 많이 만들어 준 덕분에 쉽게 득점할 수 있었어요. 전 그저 마무리만 한 거죠.

아! 그리고 옐로 월에서 팬들이 보내 주는 특별하고 강력한 에너지의 영향도 분명 있을 거예요!

그럼에도 엘링은 여전히 겸손하고 유쾌한 모습 그대로였습니다.

이 팀에서 뛸 수 있어서 정말 행복합니다! 도르트문트에서 보내는 지금이 제 축구 경력은 물론 인생에도 아주 중요한 순간이 될 거라고 믿습니다!

엘링은 어느덧 세계 최고의 공격수로 성장해 있었습니다.

보루시아 도르트문트

스릴 넘치는 득점 장면으로
세계 축구 리그 중 평균 관중 수가
가장 많은 분데스리가.
그중에서도 노란색 옷을 입고
열띤 응원을 펼치는 팬 문화로 유명한
보루시아 도르트문트에 대해
알아보아요.

하나 구단의 역사

1909년에 창단된 보루시아 도르트문트는 독일 서부의 도르트문트를 연고지로 둔 분데스리가의 명문 클럽이에요.

보루시아 도르트문트는 창단 초기에는 지역 리그에서 활동하다가 1956년과 1957년에 독일 리그에서 연속 우승하면서 주목받기 시작했어요. 이후 구단의 과감한 투자에 힘입어 1995년과 1996년에 분데스리가에서 우승하는 것을 시작으로 UEFA 챔피언스 리그와 인터콘티넨털컵 등 각종 대회 우승 기록을 세우며 유럽 최고의 팀 중 하나로 자리 잡았어요.

또 보루시아 도르트문트는 경쟁 관계인 FC 바이에른 뮌헨과 '데어 클라시커'라는 라이벌 매치를 하고 있어요. 2010년 이후 두 팀은 성적 다툼에 감독과 선수가 양 팀을 오가는 이적까지 더해져 경쟁이 더욱 뜨거워졌어요. 단순한 승부를 넘어선 두 팀의 경기는 큰 관심을 받고 있어요.

둘 옐로 월

보루시아 도르트문트에는 '옐로 월(Yellow Wall)'이라는 팬 문화가 있어요. 옐로 월은 도르트문트 홈구장 지그날 이두나 파크의 남쪽에 노란 유니폼을 입은 약 25,000여 명의 팬이 서서 응원하는 유럽 최대 규모의 스탠딩 구역이에요. 이곳에서 팬들은 열정적인 응원을 펼쳐요.

또한 경기가 끝난 뒤에도 응원가를 부르며 선수들을 격려하기도 하지요. 그래서 몇몇 선수들은 보루시아 도르트문트를 선택한 이유 중 하나로 옐로 월을 꼽기도 해요.

엘로 월 @Pascal Philp

활약했어요. 훔멜스는 '도르트문트의 심장'이라 불
릴 만큼 중요한 순간마다 안정적인 수비로 팀의 우
승에 기여했어요. 2014년에는 독일 국가대표로서
브라질 월드컵 우승을 이끌기도 했지요.

● 주드 벨링엄

볼 컨트롤과 패스, 경기를 읽는 능력이 뛰어난 세
계적인 미드필더예요. 2020년부터 2023년까지 보
루시아 도르트문트에서 활약하며 분데스리가 준우
승, DFB-포칼컵 우승 등에 큰 역할을 했어요. 현
재 주드 벨링엄은 레알 마드리드 FC로 이적해 활
약하며 유럽 축구 슈퍼스타로 도약했어요.

셋 주요 선수

보루시아 도르트문트는 재능 있는 젊은 유망주를
영입해 육성하는 것으로도 유명해요. 엘링 홀란도
이곳에서 성장해 세계적인 스타가 됐지요.

● 로베르트 레반도프스키

활발한 움직임과 골 결정력, 정확한 슈팅 능력이
장점인 스트라이커예요. 무서운 득점력으로 2010
년부터 2014년까지 보루시아 도르트문트에서 활
약하며 분데스리가 우승과 UEFA 챔피언스 리그
준우승에 기여했어요. 이후 FC 바이에른 뮌헨으로
이적해 세계 최고의 공격수로 자리매김했지요. 현
재는 FC 바르셀로나에서 활약하고 있어요.

● 마츠 훔멜스

탁월한 위치 선정, 빠른 판단력, 정교한 패스를 능
숙하게 구사하는 중앙 수비수예요. 2009~2016년,
2019~2024년 두 차례 보루시아 도르트문트에서

주드 벨링엄

6장

현존하는 최고의 스트라이커

> "
>
> 전 평소에 아주 많은 생각을 해요.
> 결정적인 순간에 내가
> 어떻게 해야 할지 말이죠.
> 그렇게 하면 저는 상대보다
> 단 1초라도 앞설 수 있고,
> 골까지 넣을 수 있게 되는 거예요.
>
> "

보루시아 도르트문트 소속으로 뛴 89경기에서 무려 86골을 넣으며 세계 정상급 공격수로 거듭난 엘링은 2022년 여름, 새로운 도약을 준비했습니다.

저는 도르트문트를 너무나도 사랑하지만 떠나기로 결심했습니다. 오래전부터 꿈꿔 온 것이 있거든요.

바로 프리미어 리그!

저는 아버지가 뛰었던 프리미어 리그의 명문 팀, 맨체스터 시티로 이적합니다.

엘링은 인터뷰와 SNS를 통해 구단과 팬들에게 진심 어린 고마움과 아쉬움을 표현했습니다.

도르트문트는 저의 축구 인생에 중요한 순간을 만들어 준 팀이었어요. 특히 팬 여러분이 주신 사랑은 영원히 잊지 못할 겁니다.

엘링은 어린 시절부터 맨체스터 시티 FC의 열렬한 팬이었지만, 단지 그런 이유로 입단을 결정한 것은 아니었습니다.

물론이죠! 저도 많은 고민을 하고 있어요, 아빠!

엘링, 다시 새로운 도전을 준비할 때가 되었어. 이번 이적은 네 경력에 가장 중요한 전환점이 될 수 있다는 걸 명심해.

자, 현재 프리미어 리그 각 구단의 주전 선수들과 각각의 플레이 스타일을 분석한 자료다.

이건 주요 후보 구단들의 최근 경기들을 낱낱이 분석한 자료고요!

엘링은 각 팀에서의 역할, 전술 적합성, 감독의 스타일 등을 체계적으로 검토해 자신에게 가장 적합한 팀을 선택했습니다.

호셉 과르디올라 감독의 공격적인 전술 스타일이 너와 잘 맞을 것 같구나.

여러 가지 요소를 고려했을 때 맨시티가 저에게 가장 적합한 것 같아요.

맨체스터 시티 FC는 공식 사이트와 SNS를 통해 엘링의 이적을 알리며 입단 과정을 담은 영상을 공개했습니다.

영상을 시청한 팬들은 엘링이 아버지와 함께 어린 시절 맨체스터 시티 FC를 추억하는 장면과 유니폼을 입은 어린 엘링의 사진이 현재의 엘링으로 바뀌는 장면에 열광했습니다.

와아ー

이렇게 한 선수만 집중적으로 중계 화면에 비추는 경우는 잘 없는데 말이죠.

그만큼 팬들의 관심이 집중되고 있다는 뜻이겠죠?

하하하, 카메라가 계속해서 엘링만 따라다니는군요.

후후

131

엘링은 상대 골키퍼의 반칙으로 얻은 페널티 킥을 성공시키며 프리미어 리그 데뷔전 첫 골을 기록했습니다.

후반전 65분

맨시티의 역습 상황!

쩡긋-

꺼덕-

앗

엘링, 속도를 냅니다!

타

파-

기다렸다는 듯 곧바로 엘링에게 이어지는 절묘한 패스!

완벽한 침투 후 침착한 왼발 마무리로 득점에 성공하는 엘링입니다.

골ー

파앙ー

하하하, 드디어 프리미어 리그에서도 엘링 특유의 골 세리머니를 볼 수 있게 되었군요!

왕아아

엘링은 프리미어 리그 데뷔전에서도 맹활약하며 맨체스터 시티 FC 팬들과 축구계에 강렬한 인상을 남겼습니다.

오늘 데뷔전을 치렀는데, 경기 내용은 만족하시나요?

해트 트릭을 하지 못해서 조금 화나지만 오늘은 이 정도로 만족하려고요.

특히 경기 직후의 인터뷰는 큰 화제가 되었습니다. 데뷔전을 치른 소감을 말하는 짧은 인터뷰였지만, 특유의 유머 감각과 자신감이 넘치는 '엘링다운' 모습을 볼 수 있었기 때문입니다.

2022년 11월 20일, 아라비아반도 동부에 있는 카타르에서 FIFA 월드컵이 개최되었습니다.

사상 처음 중동에서, 여름이 아닌 겨울에 펼쳐지는 월드컵입니다!

지금 전 세계의 눈과 귀가 이곳 카타르의 알베이트 스타디움으로….

월드컵을 맞아 전 세계가 축제 분위기로 들떠 있었지만 엘링만은 예외였습니다. 팀 동료 대부분이 자기 나라의 국가대표 선수로 뽑혀 카타르로 떠나고, 엘링만 혼자 남게 되었기 때문입니다.

으아아~ 심심해!

오랜만에 시내 구경이나 해 볼까?

어? 엘링 선수다!

응?

아쉽게도 노르웨이는 유럽 지역 예선에서 탈락해 버렸거든!

다른 선수들은 모두 카타르에 갔는데 왜 여기에 있는 거예요?

다음 월드컵에는 노르웨이도 나갈 수 있게 응원할게요!

고마워.

그럴 필요 없어. 노르웨이는 1998년 16강에 오른 이후로 지금까지 계속 예선 탈락했거든. 다음에도 탈락할 가능성이 크다고.

아, 그렇구나!

다 들리거든!

여보세요?
네? 인터뷰요?
물론 가능하죠!
지금 당장 가겠습니다!

따리리리리~

슥~

난 이만 간다.
다음에 또 보자!

에에?

엇...
제 사인은요?

히힛~

잠시 후

찰칵

찰칵

이렇게 시간을
내주셔서 감사해요.

하하하!

제가 더 감사하죠.
엄청 심심했거든요.
하하하!

많은 축구 팬들이 월드컵에서 활약하는 엘링 선수의 모습을 볼 수 없어 아쉬워하고 있어요.

저도 그래요. 하지만 어쩔 수 없는 일이니까요.

영국 팬들이 유독 아쉬워한다는 사실을 알고 있나요?

네, 알고 있어요. 제가 영국에서 태어났기 때문이죠.

맞습니다! 엘링 선수가 원한다면 영국 국가대표가 될 수도 있어요.

어때요, 지금이라도…?

하하하, 감사하지만 사양할게요.

선 노르웨이 사람이고, 그 사실이 자랑스럽거든요. 이건 결코 바뀌지 않을 거예요.

2023 UEFA 챔피언스 리그 16강 2차전
맨체스터 시티 FC 대 RB 라이프치히

엘링, 오늘 경기에서만
5골을 몰아넣었습니다!
정말 괴물이 따로 없군요!

바로 이거야!
난 축구할 때가
제일 신나더라!

대단합니다-

챔피언스 리그 역사상
최연소 5골 기록을 경신하는
순간을 직접 보다니!
엘링 홀란, 그야말로 미쳐
날뛰는 것 같습니다!

월드컵이 끝나고 다시 리그가 시작되었습니다. 엘링은 한동안
억눌렀던 에너지를 마구 발산하며 득점 행진을 시작했습니다.

안녕하세요?
저희는 맨시티의 엘링 홀란
선수에 관한 다큐멘터리를
촬영 중입니다.

갑작스러운 질문이지만,
평소 엘링 선수를
어떻게 생각하시나요?

음…
'맹수' 그 자체죠!

올레 군나르 솔샤르

다들 알고 있잖아요?
엘링은 '괴물'이에요.

폴 디코프

그저 무서울 뿐이죠.

호셉 과르디올라

누가 봐도
정상이 아니에요.
어쩌면 인간이 아닐지도….

티에리 앙리

역시! 오랜 시간 축구계에 몸담았던 감독이나 동료 선수들도 엘링을 꽤 특별한 선수로 여기는군요?

응, 언론이나 미디어에서도 대부분 같은 반응이야.

그런데 가까운 곳에서 긴 시간 엘링을 지켜본 사람들의 말은 좀 달랐어.

어떻게요?

엘링은 경기 중 해트 트릭을 기록했던 공들을 모두 자기 방에 가져다 놓죠.

알프잉에 홀란

엘링이 최고가 될 수 있었던 건, 목표를 향한 강한 집념과 몰입 덕분이라고 생각해요.

흐뭇—

그 공들과 늘 함께 생활하고 잠들면서 성공의 순간을 되새기고, 한편으로는 새로운 목표를 설정하는 거예요.

공격수인 저는 상대 선수들보다 항상 앞서 있어야 해요. 그러려면 짧은 순간에 더 똑똑하고 날카롭게 판단해야 하죠.

음-

그래서 전 평소에 아주 많은 생각을 해요. 결정적인 순간에 내가 어떻게 해야 할지 말이죠.

그렇게 하면 저는 상대보다 단 1초라도 앞설 수 있고, 골까지 넣을 수 있게 되는 거예요. 결국, 시작은 몸이 아니라 머리인 거죠! 하지만 그 전에 해야 할 것이 있어요.

내 목표가 무엇이고, 그것을 이루려면 어떤 것들을 해야 하는지 명확히 아는 것!

저는 그게 바로 '정신력'이라고 생각해요.

파아

고요

2024년 9월 23일, 엘링은 맨체스터 시티 FC 이적 후 통산 100골을 달성했습니다. 불과 105경기 만에 세운 기록이었습니다. 사람들은 놀라운 기록에 열광했지만 엘링은 다른 곳에서 의미를 찾았습니다.

짧은 시간에 많은 일들을 해냈지만 저는 여전히 노르웨이 브뤼네 출신의 시골 소년입니다.

시골 소년도 꿈꾸고 노력한다면 해낼 수 있다는 것을 보여 준 것 같아 기뻐요. 뭔가를 꿈꾸는 사람들에게 제가 동기 부여가 되기를 바랍니다.

현존하는 최고의 스트라이커, 엘링 홀란의 도전과 기록 행진은 지금도 계속되고 있습니다.

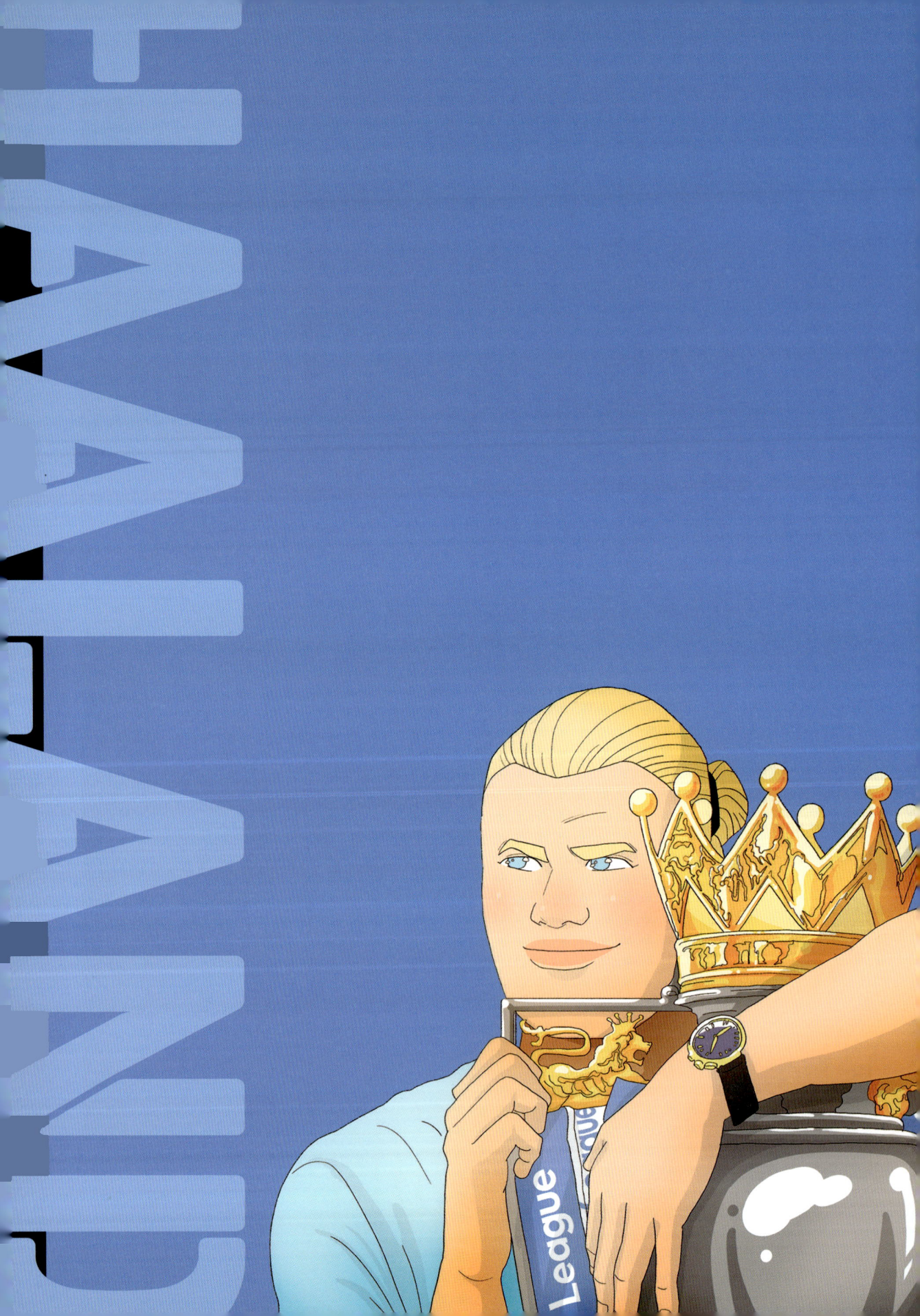

생각해 보기

> 책을 다 읽은 뒤
> 내용을 되새기고
> 생각하는 시간도 필요합니다.
> 책에 대해 주변 사람들과
> 함께 이야기 나누면 더욱 좋아요!

축구계의 신인류
'엘링 홀란'이 궁금해!

어린 시절부터 축구 선수의 길을 걷게 된 이유가 있나요?

부모님은 어린 시절 제가 다양한 운동을 경험할 수 있게 해 주셨어요. 덕분에 전 축구분 아니라 육상, 핸드볼, 스키를 배우며 자랐어요. 다양한 운동 경험은 축구를 하는 데 좋은 영향을 주었죠. 그리고 아버지가 프로 축구 선수이셨기 때문에 아주 어릴 때부터 축구를 접했어요. 아버지는 제게 단순히 축구 기술만을 가르치시지 않았어요. 정신력, 인내심 등 진정한 운동선수로서의 마음가짐을 전해 주셨죠. 그렇게 아버지와 함께하며 축구에 대한 열정이 커졌고 자연스럽게 축구는 제 삶이 됐어요.

골을 많이 넣는 자신만의 비결이 있나요?

특별한 비결이 있다기보단 경기를 임하는 태도가 중요하다고 생각해요. 저는 경기 직전부터 집중력을 최대한 끌어올리려고 노력하고, 경기 내내 방심하지 않아요. 끌어올린 집중력은 경기에서 골을 넣기 좋은 위치 선정과 정확한 타이밍, 그리고 상대편 수비수들의 움직임을 꿰뚫어 보고 예측하는 데 중요한 역할을 해요. 그리고 무엇보다 팀 동료들과 호흡이 잘 맞아야 많은 골 기회를 만들 수 있기 때문에 동료들과 자주 소통하고 훈련해서 호흡을 맞추려고 노력하고 있어요. 결국 골은 혼자서 넣는 게 아니라 팀이 함께 만드는 결과니까요.

경기를 앞두고 어떻게 마음을 다잡나요?

저는 제 능력을 믿어요. 수만 시간의 훈련이 제 몸에 깊숙이 배어 있거든요. 또 긴장되는 순간에는 온전히 호흡에 집중해요. 깊게 숨을 들이마시고 천천히 내쉬면서 바로 그 순간에 몰입하죠. 사실 긴장감은 자연스러운 감정이거든요. 이제는 그걸 두려워하지 않고 긍정적인 에너지로 바꾸는 방법을 알게 됐어요. 실패했던 순간들도 잊지 않으려 해요. 그 순간들이 오히려 저를 더 강하게 만들었으니까요.

맨체스터 시티 FC에서는 어떻게 지내고 있나요?

맨체스터 시티 FC에 처음 왔을 때부터 좋은 인상을 받았어요. 팀 동료들이 저를 진심으로 환영해 주었고, 경기장 안팎에서 많이 도와줘서 빠르게 팀에 적응할 수 있었어요. 그리고 호셉 과르디올라 감독님과 함께하는 것도 꿈만 같아요. 감독님의 축구 철학과 전술은 놀랍도록 정교해요. 감독님은 모든 선수가 자신의 정확한 역할을 이해하고 완벽하게 수행해야만 팀이 승리할 수 있다고 늘 강조하세요. 저는 감독님과 제 강점을 어떻게 팀 전술에 자연스럽게 녹여 낼지 수시로 대화하며 고민하고 있어요. 아직 갈 길이 멀지만, 매일 성장하고 있다는 느낌이 들어 정말 즐겁게 생활하고 있습니다.

앞으로의 목표가 궁금해요.

가장 큰 목표는 당연히 팀과 함께 주요 대회에서 우승을 차지하는 거예요. 프리미어 리그 우승은 물론이고, UEFA 챔피언스 리그에서 좋은 성적을 내고 싶어요. 개인적인 목표는 꾸준히 성장해서 매 시즌 더 많은 골을 넣고, 팀에 꼭 필요한 선수로 자리매김하는 것이에요. 축구를 통해 팬들에게 즐거움과 감동을 주고 싶고, 언젠가는 축구 역사에 이름을 남기는 선수가 되는 것이 꿈이에요. 그 꿈을 위해 매일 열심히 훈련하고 노력하고 있어요.

득점 비결은 수면?

그림 강호면

- 7월 21일 영국 리즈에서 출생

- 브뤼네 FK 유소년팀에 입단

- 노르웨이 2부 리그 리가엔 브뤼네 FK 소속으로 프로 무대 데뷔

- 몰데 FK 이적

- UEFA 유로파 리그 출전

2000~

2016~2018

2021

2022

- UEFA 챔피언스 리그 득점왕

- UEFA 올해의 공격수

- DFB-포칼컵 우승

- 맨체스터 시티 FC 이적

- 프리미어 리그 이달의 선수

- 2019 FIFA U-20 월드컵 골든 부트 수상

- FC 레드불 잘츠부르크 이적

- UEFA 챔피언스 리그 데뷔전 해트 트릭

- 보루시아 도르트문트 이적

- 데뷔전 해트 트릭 달성

- 골든보이 상

2019

2020

2023

2024~2025

- 트레블 달성

- 유러피언 골든슈

- 프리미어 리그 득점왕

- UEFA 올해의 선수

- 프리미어 리그 이달의 선수

- 클럽 통산 최단 기간 100득점

기본기가 중요한 축구

축구는 복잡한 플레이의 바탕이 되는 기본 기술이 정말 중요해요. 기본 기술을 잘하면 경기 중에 빠르게 판단하고 정확하게 움직일 수 있어요. 엘링 홀란도 어렸을 때부터 기본기를 익히기 위해 수도 없이 연습했지요. 기본 기술을 연습하고 연습 노트를 적어 보세요. 내가 어떤 동작을 연습했고, 몇 번이나 했는지, 잘한 점과 아쉬운 점까지 자세히 써 보세요.

볼 컨트롤	공을 발 가까이 잘 다루는 연습을 해 보세요. - 한쪽 발로 가볍게 공 터치하기 - 양발 번갈아 가며 공 터치하기 - 발 안쪽, 발등, 바깥쪽으로 공 터치하기
패스	정확한 패스 기술을 연습해요. - 짧은 거리에서 벽이나 친구와 패스 주고받기 - 발 안쪽으로 정확한 패스 연습하기
드리블	공을 몰고 가는 기술을 연습해요. - 콘을 세워 놓고 콘 사이를 지그재그로 드리블하기 - 속도를 조절하며 드리블 연습하기
슈팅	정확하게 골대를 향해 차는 연습을 해요. - 가까운 거리에서 정확히 골대를 향해 차기 - 발 안쪽과 발등으로 슈팅 연습하기

날짜	연습한 기술	횟수	평가 (잘한 점, 개선할 점 등)

꿈을 이루는 습관

엘링 홀란은 "성공은 매일의 작은 선택들이 모여 이루어진다."라고 말했어요. 작은 노력들이 모여 놀라운 꿈을 이루게 된 것이지요. 여러분도 엘링처럼 실패를 두려워하지 않고 끊임없이 도전하다 보면 자신의 분야에서 빛나는 주인공이 될 수 있어요.

엘링 홀란이 꿈을 이루기 위해 가진 습관	
영양 관리	• 영양소의 균형을 고려해 음식을 꼼꼼하게 챙겨 먹어요. • 특히 단백질과 탄수화물의 양을 중요하게 생각해요.
수면 관리	• 충분히 자고 휴식을 취해요. • 잠을 깊이 자기 위해 특별히 신경 써요.
신체 관리	• 경기가 없을 때도 몸을 단련하는 훈련을 통해 좋은 몸 상태를 유지하려 노력해요. • 매일 아침, 기상 직후에 건강을 위해 꼭 햇볕을 쬐어요.
마음 관리	• 명상, 호흡 등의 방법으로 마음의 평화를 찾아요.

어릴 때부터 좋은 습관을 들이면 그 습관은 커서도 계속 도움이 돼요. 물론 꿈을 이루는 데도 큰 도움이 되지요. 나에게 도움이 될 만한 습관을 적어 보세요.

내 꿈을 이루게 할 자기 관리 습관	
영양 관리	
수면 관리	
신체 관리	
마음 관리	
시간 관리	

내게 용기를 주는 말

엘링 홀란은 경기에서 골을 넣지 못해도 낙심하지 않고 더 열심히 연습했어요. 감독님과 코치, 아버지의 조언을 귀담아듣고 더 좋은 선수가 되려고 노력했지요. 또한 세계적인 축구 스타들도 수많은 실패와 힘든 과정을 딛고 일어서 지금의 자리에 올랐어요.

> 꿈꾸세요.
> 그 꿈이 이루어질 때까지
> 계속 싸우세요.
> 펠레

> 작은 목표부터 시작하세요.
> 그리고 그것을 이루면 더 큰 목표를 세우세요.
> 지네딘 지단

> 인생에서 가장 큰 영광은
> 넘어진 뒤 다시 일어서는 것입니다.
> 리오넬 메시

> 재능은 연습 없이는
> 아무것도 아닙니다.
> 크리스티아누 호날두

> 무언가를 변화시키기 위해서는
> 나 자신부터 바꿔야 합니다.
> 호셉 과르디올라

> 불가능해 보이는 것에
> 도전할 때 당신은
> 성장합니다.
> 데이비드 베컴

여러분도 자신에게 힘과 용기를 북돋아 주는 말을 찾아 적어 보세요. 좋아하는 운동선수나 연예인, 부모님의 말씀도 좋아요. 꿈을 향해 가는 여정에서 힘들고 지칠 때 여러분에게 큰 힘이 될 거예요.

who? 스페셜

엘링 홀란

초판 1쇄 발행 2025년 6월 25일
초판 2쇄 발행 2025년 8월 28일

글 스토리랩 **그림** 리버앤드스타 스튜디오 **표지화** 신춘성

펴낸이 김선식
펴낸곳 다산북스

부사장 김은영
어린이사업부총괄이사 이유남
책임편집 강푸른 **책임마케터** 김희연
어린이콘텐츠사업1팀장 박정민 **어린이콘텐츠사업1팀** 김은지 박세미 강푸른 류지형
어린이마케팅본부장 최민용 **어린이마케팅1팀** 안호성 김희연 이예주 **기획마케팅팀** 류승은 박상준
편집관리팀 조세현 김호주 백설희 **저작권팀** 성민경 이슬 윤제희
재무관리팀 하미선 임혜정 이슬기 김주영 오지수
인사총무팀 강미숙 이정환 김혜진 황종원
제작관리팀 이소현 김소영 김진경 이지우 황인우
물류관리팀 김형기 김선진 주정훈 양문현 채원석 박재연 이준희 이민운
외부스태프 디자인 조원주 컬러 에브리데이위겐드 권영아 권영지 배경 강동대학교 만화웹툰콘텐츠학과 김한재 교수 박은혜 조윤진 김소희

출판등록 2005년 12월 23일 제313-2005-00277호
주소 경기도 파주시 회동길 490
전화 02-704-1724 **팩스** 02-703-2219
다산어린이 카페 cafe.naver.com/dasankids **다산어린이 블로그** blog.naver.com/stdasan
종이 스마일몬스터 **인쇄** 민언프린텍 **코팅 및 후가공** 제이오엘앤피 **제본** 대원바인더리

ISBN 979-11-306-6767-6 14990

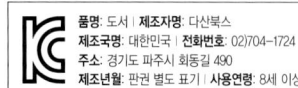

품명: 도서 | **제조자명:** 다산북스
제조국명: 대한민국 | **전화번호:** 02)704-1724
주소: 경기도 파주시 회동길 490
제조년월: 판권 별도 표기 | **사용연령:** 8세 이상

※ KC마크는 이 제품이 공통안전기준에 적합하였음을 의미합니다.

who? 한국사

초등 역사 공부의 첫 단추! '인물'을 알아야 시대가 보인다

● 선사·삼국　● 남북국　● 고려　● 조선

※ who? 한국사(전 47권) | 대상 초등학교 전 학년 | 책 크기 188×255 | 각 권 페이지 190쪽 내외

who? 인물 중국사

인물로 배우는 최고의 역사 이야기

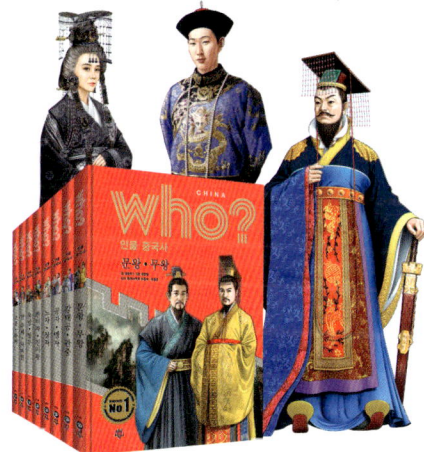

※ who? 인물 중국사(전 30권) | 대상 초등학교 전 학년 | 책 크기 188×255 | 각 권 페이지 190쪽 내외

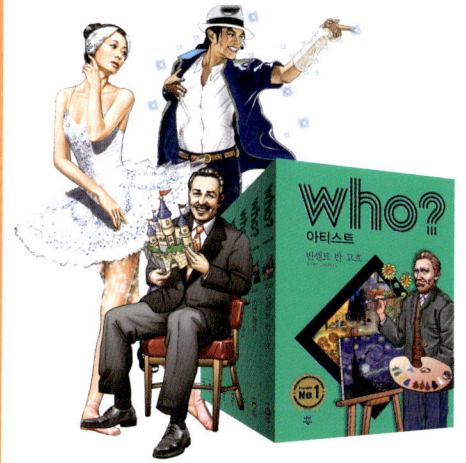

who? 아티스트

최고의 명작을 탄생시킨 아티스트들을 만나다

● 문화·예술·언론·스포츠

※ who? 아티스트(전 40권) | 대상 초등학교 전 학년 | 책 크기 188×255 | 각 권 페이지 190쪽 내외

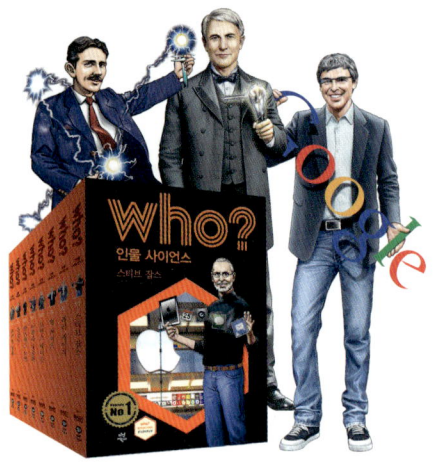

who? 인물 사이언스

기술로 세상을 발전시킨 과학자들의 이야기

※ who? 인물 사이언스 (전 40권) | 대상 초등학교 전 학년 | 책 크기 188×255 | 각 권 페이지 180쪽 내외

who? 세계 인물

세상을 바꾼 위대한 인물들의 이야기

※ who? 세계 인물 (전 40권) | 대상 초등학교 전 학년 | 책 크기 188×255 | 각 권 페이지 180쪽 내외

who? 스페셜·K-pop

아이들이 가장 만나고 싶고, 닮고 싶은 현대 인물 이야기

※ who? 스페셜·K-pop | 대상 초등학교 전 학년 | 책 크기 188×255 | 각 권 페이지 190쪽 내외